FICHE DE LECTURE

Document rédigé par Dominique Coutant-Defer
docteure en langue et littérature françaises
(Université de Nice)

Le Chien qui a vu Dieu et autres nouvelles

Dino Buzzati

lePetitLittéraire.fr

Dino Buzzati
Écrivain, journaliste et peintre italien

- **Né en 1906 à Belluno**
- **Décédé en 1972 à Milan**
- **Quelques-unes de ses œuvres :**
  Le Désert des Tartares (1940), roman
  Les Sept Messagers (1942), recueil de nouvelles
  Le K (1966), recueil de contes et de nouvelles

Né en 1906 en Italie, Dino Buzzati travaille d'abord comme journaliste au *Corriere della Sera*, pour lequel il est correspondant de guerre lors de la Deuxième Guerre mondiale. Il se consacre ensuite à la littérature et écrit des romans : *Bàrnabo des montagnes* et *Un amour*. En 1940, parait son œuvre romanesque majeure, *Le Désert des Tartares*, qui connait immédiatement un succès mondial. Mais il est également l'auteur de contes et de nouvelles, de genre réaliste ou fantastique. Le recueil *Le K*, le plus célèbre, comporte cinquante récits. Son œuvre, plutôt pessimiste, traite souvent de l'illusion et de la mort, et met en place un univers particulier où le banal, contaminé par le surnaturel, devient étrange et inquiétant.

Mort en 1972, il est considéré aujourd'hui comme un des plus grands écrivains italiens de son époque.

Le Chien qui a vu Dieu et autres nouvelles
Trois énigmes au caractère étrange

- **Genre :** recueil de nouvelles
- **Édition de référence :** *Le Chien qui a vu Dieu et autres nouvelles*, traduit de l'italien par Michel Breitman, Paris, Larousse, coll. « Classiques contemporains », 2009, 109 p.
- **1re édition :** 1954
- **Thématiques :** fantastique, religion, malédiction, haine, musique

Trois nouvelles font partie du recueil *Le Chien qui a vu Dieu et autres nouvelles* et toutes ont été publiées dans *L'Écroulement de la Baliverna*, paru en 1954.

Dans le premier récit, *Le Chien qui a vu Dieu*, un petit village italien aux mœurs relâchées voit sa vie bouleversée par l'arrivée d'un curieux chien, compagnon d'un ermite venu s'installer aux alentours. À la mort de ce dernier, d'étranges phénomènes se produisent. Dans la deuxième nouvelle, *Les Cinq Frères*, une famille unie se déchire à cause de la sombre prédiction d'un démon qui a pris les traits d'un vieux sage. Enfin, dans *Le Musicien envieux*, un compositeur riche et célèbre voit toutes ses illusions s'écrouler lorsqu'il découvre qu'une nouvelle musique, géniale et révolutionnaire, est l'œuvre d'un de ses amis dont la production était jusque-là méprisée.

RÉSUMÉ

LE CHIEN QUI A VU DIEU

Un jour, dans une petite ville où la religion est très peu pratiquée et respectée, un vieil ermite du nom de Silvestro, accompagné d'un chien nommé Galeone, s'installe dans les ruines d'une chapelle d'où sortent depuis lors d'étranges lueurs. Peu croyants, les paysans n'y prêtent pas vraiment attention, mais restent cependant éloignés de l'endroit.

À quelques kilomètres de là vit le boulanger Defendente, « plus mécréant et blasphémateur que personne » (p. 12). Il a hérité du commerce de son oncle, à la condition qu'il distribue, chaque jour pendant cinq ans, cinquante kilos de pain aux pauvres devant sa boutique. Rusé, il s'acquitte de cette tâche en trichant et récupère la plupart du pain par un trou réalisé dans le panier, placé au-dessus du soupirail de la cave, privant ainsi les pauvres d'une partie de leur dû.

Depuis l'arrivée de l'ermite, un chien, « une bête apparemment perdue, assez grosse, au poil hérissé et à l'allure débonnaire » (p. 15), prend l'habitude de venir chaque jour s'emparer d'un pain pendant la distribution quotidienne, sous les moqueries des voisins du boulanger. Curieusement, Defendente ne parvient pas à s'en débarrasser.

Un jour, armé de son fusil, le boulanger excédé décide de suivre le chien pour le tuer. Mais ce dernier échappe à sa surveillance et poursuit tranquillement son chemin. Le boulanger parvient cependant à le rattraper et le chien le mène jusqu'au refuge de l'ermite, décrit comme « petit, malingre, vêtu d'une sorte de froc [avec un] visage [...] plutôt sympathique, empreint d'une malice enfantine » (p. 21). Defendente éclate d'abord en reproches, puis, gagné par la douceur de l'ermite, annonce qu'il laissera le chien lui procurer son pain quotidien. Il songe en réalité à l'avantage qu'il pourra tirer en étant le premier à avoir osé s'approcher de l'ermite. Par ailleurs, si ce dernier fait des miracles, être l'ami d'un saint peut le faire élire maire du village. Ensuite, l'ermite le persuade qu'il est plus croyant qu'il ne veut l'avouer, de même que tous les habitants du village. Le boulanger finit par faire le signe de croix : « Heureusement qu'il n'y a pas de témoin, à part le chien » (p. 24), se dit-il.

Pour éviter les quolibets, Defendente apporte désormais chaque jour un pain au chien posté dans une baraque sur la route de la chapelle. Mais, une nuit d'hiver, une immense lueur apparait au-dessus de la chapelle et alarme les paysans. Le lendemain, ils apprennent « sans qu'on ait pu savoir qui avait apporté la nouvelle » (p. 26), que le vieux Silvestro, l'ermite, est mort de froid. Il est enterré près de la chapelle et son chien disparait.

Cependant, deux semaines plus tard, celui-ci revient, décharné, dans le village. Les habitants, persuadés que les étranges lueurs étaient des manifestations divines, craignent ce chien « qui a vu Dieu » (p. 30). Le boulanger est également perplexe : faut-il recommencer à nourrir le chien ? L'animal serait-il en communication avec son ancien maitre ? Afin de se protéger du mauvais œil, il décide d'apporter du pain au chien selon ses anciennes habitudes. Mais le chien ne se présente pas au point de rendez-vous et le boulanger est déçu.

Trois jours plus tard, l'animal réapparait en pleine forme. Cependant, il ne prend toujours pas le pain que lui offre Defendente qui soupçonne alors qu'il est nourri en secret dans le village par des gens qui veulent s'attirer les grâces d'un chien qui a vu Dieu.

Un jour, alors qu'il se livre à la récupération des pains dans la cave, le boulanger aperçoit dans l'ombre Galeone, dont « les yeux sembl[ent] phosphorescents » (p. 35). Le chien assiste, imperturbable, à la scène, puis s'en va. Y voyant un mauvais signe, le boulanger éclate alors en imprécations.

Galeone erre désormais jour et nuit dans le village, apaisant comme par miracle tous les conflits et empêchant par sa seule présence le boulanger de continuer à voler le pain des pauvres. « Quand donc s'arrêtera cette persécution ? » (p. 39), se demande ce dernier.

L'église, désaffectée depuis des siècles, est à nouveau très fréquentée, sous le regard débonnaire du chien assis sur le parvis. Le village mène désormais une vie exemplaire, mais à regret : « Ah ! ce qu'on était bien, dans le temps ! » (p. 41), pensent les habitants qui craignent sans cesse la présence du chien dans leur dos. Une nuit, sous prétexte d'effrayer des voleurs qui rôdent, Defendente abat le chien. Le lendemain, le boulanger subit les reproches de ses voisins, lorsque tous aperçoivent Galeone qui traverse tranquillement la place.

Les années passent et le village se conduit toujours de manière exemplaire, au grand désespoir de Defendente : « Quel poids, la présence de Dieu, quand on ne la désire pas ! » (p. 47) Puis le chien finit par rester paralysé sur la place du village : les habitants le nourrissent la nuit, en cachette les uns des autres, le craignant toujours et souhaitant tous qu'il meure.

Quelques années s'écoulent encore. Le chien paralysé finit par mourir. « Cet assommant petit morceau de Dieu [a] enfin disparu » (p. 53), mais curieusement, le village n'en éprouve pas le soulagement attendu. On décide d'enterrer l'animal à côté de son maitre, sur la colline, où plus jamais personne n'est remonté. Là, les habitants découvrent un squelette de chien sur la tombe de l'ermite.

LES CINQ FRÈRES

Le prince Caramasàn se hâte vers son palais. En chemin, il est arrêté par le sorcier Ubu Murru qui se fait passer pour un vieil ermite et qui l'informe que « le génie du mal » (p. 56) se dirige vers son palais pour enlever ses cinq fils, qui se sont réunis pour le retour de leur père, et les conduire en enfer. Le forfait ne pourra cependant s'accomplir si un seul d'entre eux est absent.

Caramasàn parvient à rattraper le démon et à le maitriser. Arrivé au palais, il fait part à ses enfants de la prédiction. Tous décident alors, après s'être tendrement aimés, de se séparer par crainte de la mort.

Les années passent et, sur son lit de mort, Caramasàn appelle ses cinq fils pour leur dire adieu. Quatre seulement arrivent, tandis que le cinquième, Calisto, a été éloigné par tirage au sort, toujours par crainte de la prédiction. Seulement, le vieux prince a oublié cette malédiction et déshérite le fils absent.

Pour se venger de ses frères qui le laissent dans la misère, Calisto décide alors, quitte à mourir lui-même, de tous les réunir. Méfiants, les frères se déchirent et ne se retrouvent plus qu'à trois afin d'éviter que ne s'accomplisse la prédiction. Secrètement, ils rêvent même de s'entretuer, pour ne plus jamais courir le risque d'être cinq.

L'aîné, Andréa, las de cette vie, demande conseil au vieil ermite, mais, à sa place, il trouve un jeune religieux qui lui révèle que le vieil ascète était en fait Ubu Murru en personne qui voulait uniquement semer la discorde dans la famille. Il lui conseille donc de se réconcilier avec ses frères. Quatre des pèlerins qui entourent le jeune ermite se découvrent alors et Andréa reconnait ses frères. Mais ils ne parviennent pas à faire la paix : « Dans la course des années, ils étaient devenus vieux, après avoir traîné toute une vie misérable de peur et de haine. À cela il n'y avait aucun remède. » (p. 62)

LE MUSICIEN ENVIEUX

Intrigué et séduit, le célèbre compositeur Augusto Gorgia entend un jour une musique « libéré[e] des antiques conventions et des lois harmoniques » (p. 63), jouée au piano depuis un immeuble voisin. Quelque temps après, il l'entend à nouveau à la radio, mais sa femme, gênée, éteint brusquement le poste lorsqu'il s'en approche. Il cherche alors vainement dans les programmes de radio le nom de l'auteur du morceau et pense que tout le monde complote derrière son dos pour qu'il ne sache jamais le nom du compositeur.

Il est également furieux parce qu'il a raté le concert de son ami musicien Ribbenz car sa femme ne lui avait pas donné à temps l'invitation. De plus, lorsqu'il veut en écouter la retransmission à la radio, sa femme lui annonce que la radio est tombée en panne. À la recherche d'un appareil en état de marche, il entre dans un café populaire et entend à la radio des bribes du concert : c'est la fameuse musique inconnue. Gorgia est profondément troublé, « comme s'il avait toujours su qu'il allait devoir se trouver là, en ce lieu et pas dans un autre, à cette heure précise choisie par le destin » (p. 72). Cette musique libre, énergique, « chargée d'une dose explosive de vulgarité sauvage » (p. 72), est celle que tout le monde attend depuis un demi-siècle, pense Gorgia. Et ce n'est pas la sienne, mais celle de son ami Ribbenz, qui avait presque cessé de composer car son œuvre était jusque-là méprisée. Désespéré, il sort du café, « conscient que pour lui, toute joie [est] à jamais envolée » (p. 73).

CLÉS DE LECTURE

DES NOUVELLES

Les trois récits de Buzzati regroupent toutes les caractéristiques du genre de la nouvelle :

- il s'agit de récits courts, centrés sur un évènement unique : le séjour du chien au village dans *Le Chien qui a vu Dieu* ou les conséquences de la prédiction de l'ermite dans *Les Cinq Frères*, par exemple ;
- les personnages sont peu nombreux : les habitants du village dans la première nouvelle (plus particulièrement le boulanger et le chien) et le compositeur Gorgia ainsi que son entourage proche dans *Le Musicien envieux* ;
- les descriptions sont sommaires et l'auteur ne donne de détails que sur ce qui peut servir l'histoire : l'étrange refuge du vieil ermite dans *Le Chien qui a vu Dieu*, par exemple. De plus, le physique et le caractère des personnages ne donnent pas lieu à de longs développements : seuls le chien et son maitre sont décrits physiquement dans la première nouvelle ;
- le cadre spatiotemporel est restreint : la première nouvelle se déroule dans le périmètre limité du village et de ses alentours par exemple. Quant aux époques auxquelles se déroule l'action, elles ne sont déterminées dans aucune des trois nouvelles ;

- la chute survient souvent brusquement et surprend le lecteur : on peut citer la découverte du squelette d'un chien dans la première nouvelle, la découverte de l'identité du vieil ermite dans *Les Cinq Frères* ou la cruelle déception de Gorgia s'apercevant que la musique entendue est en fait celle d'un de ses vieux amis musiciens dans la dernière nouvelle.

LE FANTASTIQUE

Une nouvelle peut prendre une tournure réaliste ou fantastique. Les deux premières nouvelles étudiées appartiennent à la seconde catégorie. Le fantastique se définit ainsi :

- l'histoire débute dans un monde réaliste, souvent banal : un modeste village italien dans *Le Chien qui a vu Dieu*, par exemple ;
- des personnages ordinaires se trouvent soudain confrontés à des phénomènes étranges : il s'agit des lueurs aperçues au-dessus de la chapelle dans la première nouvelle et de l'étrange prédiction de l'ermite dans *Les Cinq Frères* ;
- les personnages, face à ce qui leur arrive, hésitent entre deux types d'explications, une rationnelle et une surnaturelle : ici, les villageois hésitent tout au long du récit sur l'origine de l'étrange chien dans *Le Chien qui a vu Dieu*, par exemple ;
- ils communiquent leur hésitation au lecteur qui se demande également si l'explication est rationnelle ou surnaturelle. À la fin du premier récit, si le squelette découvert est celui du chien de l'ermite, qui est ce chien

que les villageois enterrent ? La réincarnation du vieil ermite ? Dans *Les Cinq Frères*, si le vieux prince oublie à la fin de sa vie la sombre prédiction de l'ermite, on peut se demander si elle a réellement été prononcée ;

- l'écriture de la nouvelle fantastique contribue à renforcer le doute. Dans le premier récit, l'expression des interrogations et des hésitations des personnages est fréquente, et est même renforcée par la ponctuation : « Et qu'est-ce que j'en sais d'abord de tous ces mystères ? » (p. 31), se demande le boulanger lors de la réapparition du chien qu'il croyait mort. Les expressions employées aux lignes suivantes insistent sur le doute éprouvé : « Peut-être que le chien comprend maintenant le langage des humains, qui peut savoir si un jour ou l'autre il ne se mettra pas à parler lui aussi ? » (*ibid.*) ;
- l'atmosphère du récit est créée par des êtres inquiétants ou des phénomènes étranges. Les habitants du village se tiennent à distance du vieil ermite, puis de l'étrange chien dont les yeux reflètent parfois des émotions humaines ou deviennent phosphorescents dans l'obscurité, et le démon est un des personnages principaux des *Cinq Frères*. De plus, les deux récits mettent en scène des métamorphoses : celle du diable en vieil ascète dans *Les Cinq Frères* et celle, suggérée, de l'ermite de la chapelle en son chien dans *Le Chien qui a vu Dieu*.

UNE DIMENSION MORALE

La troisième nouvelle, *Le Musicien envieux*, n'appartient pas au genre fantastique : les évènements qui s'y déroulent sont vraisemblables. Mais elle rejoint les deux autres nouvelles par la dimension morale qui s'en dégage.

Le fait qu'elles appartiennent toutes trois au même recueil intitulé *L'Écroulement de la Baliverna* est significatif : dans la nouvelle éponyme, qui prend place dans le recueil, un énorme édifice du XVIIe siècle que l'on croyait indestructible s'écroule brutalement le jour où une petite étoile métallique scellée dans un mur cède sous la main d'un alpiniste qui a entrepris l'ascension du bâtiment.

Les trois récits étudiés symbolisent eux aussi la fragilité des destinées humaines qui se cache derrière une apparence de solidité et de certitude. Les habitudes profondément ancrées peuvent être appelées à changer du jour au lendemain : une communauté entière se met à vivre selon le bon vouloir d'un chien, une famille unie se déchire à cause d'une funeste prédiction, et un musicien célèbre décèle une musique géniale et révolutionnaire dans l'œuvre d'un confrère jusque-là méprisé. Dans ces courts récits aux évènements anodins et au cadre insignifiant, Dino Buzzati invite en réalité le lecteur à une réflexion morale sur la dimension tragique de l'existence.

POUR ALLER PLUS LOIN

ÉDITION DE RÉFÉRENCE

- Buzzati D., *Le Chien qui a vu Dieu et autres nouvelles*, Paris, Larousse, 2009.

SUR LEPETITLITTÉRAIRE.FR

- Fiche de lecture sur *Le Désert des Tartares* de Dino Buzzati
- Fiche de lecture sur *Le Veston ensorcelé* de Dino Buzzati
- Questionnaire de lecture sur *Le Chien qui a vu Dieu et autres nouvelles* de Dino Buzzati

Retrouvez notre offre complète sur lePetitLittéraire.fr

- des fiches de lectures
- des commentaires littéraires
- des questionnaires de lecture
- des résumés

Anouilh
- Antigone

Austen
- Orgueil et Préjugés

Balzac
- Eugénie Grandet
- Le Père Goriot
- Illusions perdues

Barjavel
- La Nuit des temps

Beaumarchais
- Le Mariage de Figaro

Beckett
- En attendant Godot

Breton
- Nadja

Camus
- La Peste
- Les Justes
- L'Étranger

Carrère
- Limonov

Céline
- Voyage au bout de la nuit

Cervantès
- Don Quichotte de la Manche

Chateaubriand
- Mémoires d'outre-tombe

Choderlos de Laclos
- Les Liaisons dangereuses

Chrétien de Troyes
- Yvain ou le Chevalier au lion

Christie
- Dix Petits Nègres

Claudel
- La Petite Fille de Monsieur Linh
- Le Rapport de Brodeck

Coelho
- L'Alchimiste

Conan Doyle
- Le Chien des Baskerville

Dai Sijie
- Balzac et la Petite Tailleuse chinoise

De Gaulle
- Mémoires de guerre III. Le Salut. 1944-1946

De Vigan
- No et moi

Dicker
- La Vérité sur l'affaire Harry Quebert

Diderot
- Supplément au Voyage de Bougainville

Dumas
- Les Trois Mousquetaires

Énard
- Parlez-leur de batailles, de rois et d'éléphants

Ferrari
- Le Sermon sur la chute de Rome

Flaubert
- Madame Bovary

Frank
- Journal d'Anne Frank

Fred Vargas
- Pars vite et reviens tard

Gary
- La Vie devant soi

Gaudé
- La Mort du roi Tsongor
- Le Soleil des Scorta

Gautier
- La Morte amoureuse
- Le Capitaine Fracasse

Gavalda
- 35 kilos d'espoir

Gide
- Les Faux-Monnayeurs

Giono
- Le Grand Troupeau
- Le Hussard sur le toit

Giraudoux
- La guerre de Troie n'aura pas lieu

Golding
- Sa Majesté des Mouches

Grimbert
- Un secret

Hemingway
- Le Vieil Homme et la Mer

Hessel
- Indignez-vous !

Homère
- L'Odyssée

Hugo
- Le Dernier Jour d'un condamné
- Les Misérables
- Notre-Dame de Paris

Huxley
- Le Meilleur des mondes

Ionesco
- Rhinocéros
- La Cantatrice chauve

Jary
- Ubu roi

Jenni
- L'Art français de la guerre

Joffo
- Un sac de billes

Kafka
- La Métamorphose

Kerouac
- Sur la route

Kessel
- Le Lion

Larsson
- Millenium I. Les hommes qui n'aimaient pas les femmes

Le Clézio
- Mondo

Levi
- Si c'est un homme

Levy
- Et si c'était vrai...

Maalouf
- Léon l'Africain

Malraux
- La Condition humaine

Marivaux
- La Double Inconstance
- Le Jeu de l'amour et du hasard

Martinez
- Du domaine des murmures

Maupassant
- Boule de suif
- Le Horla
- Une vie

Mauriac
- Le Nœud de vipères

Mauriac
- Le Sagouin

Mérimée
- Tamango
- Colomba

Merle
- La mort est mon métier

Molière
- Le Misanthrope
- L'Avare
- Le Bourgeois gentilhomme

Montaigne
- Essais

Morpurgo
- Le Roi Arthur

Musset
- Lorenzaccio

Musso
- Que serais-je sans toi ?

Nothomb
- Stupeur et Tremblements

Orwell
- La Ferme des animaux
- 1984

Pagnol
- La Gloire de mon père

Pancol
- Les Yeux jaunes des crocodiles

Pascal
- Pensées

Pennac
- Au bonheur des ogres

Poe
- La Chute de la maison Usher

Proust
- Du côté de chez Swann

Queneau
- Zazie dans le métro

Quignard
- Tous les matins du monde

Rabelais
- Gargantua

Racine
- Andromaque
- Britannicus
- Phèdre

Rousseau
- Confessions

Rostand
- Cyrano de Bergerac

Rowling
- Harry Potter à l'école des sorciers

Saint-Exupéry
- Le Petit Prince
- Vol de nuit

Sartre
- Huis clos
- La Nausée
- Les Mouches

Schlink
- Le Liseur

Schmitt
- La Part de l'autre
- Oscar et la Dame rose

Sepulveda
- Le Vieux qui lisait des romans d'amour

Shakespeare
- Roméo et Juliette

Simenon
- Le Chien jaune

Steeman
- L'Assassin habite au 21

Steinbeck
- Des souris et des hommes

Stendhal
- Le Rouge et le Noir

Stevenson
- L'Île au trésor

Süskind
- Le Parfum

Tolstoï
- Anna Karénine

Tournier
- Vendredi ou la Vie sauvage

Toussaint
- Fuir

Uhlman
- L'Ami retrouvé

Verne
- Le Tour du monde en 80 jours
- Vingt mille lieues sous les mers
- Voyage au centre de la terre

Vian
- L'Écume des jours

Voltaire
- Candide

Wells
- La Guerre des mondes

Yourcenar
- Mémoires d'Hadrien

Zola
- Au bonheur des dames
- L'Assommoir
- Germinal

Zweig
- Le Joueur d'échecs

Et beaucoup d'autres sur lePetitLittéraire.fr

www.lepetitlitteraire.fr

ISBN version imprimée : 978-2-8062-3116-1
ISBN version numérique : 978-2-8062-3115-4
Dépôt légal : D/2013/12.603/174